BENEFÍCIATE DE LA INTELIGENCIA COLECTIVA

Los secretos para sacar lo mejor de cada trabajador

Por Véronique Bronckart

Traducido por Laura Soler Pinson

LA INTELIGENCIA COLECTIVA

- **¿Problemática?** ¿Qué es la inteligencia colectiva y cómo sacar provecho de ella en el entorno laboral?
- **¿Utilidad?** La inteligencia colectiva permite aumentar la eficacia de un equipo sacando partido de las competencias de cada uno de sus miembros.
- **¿Contexto profesional?** Gestión de equipo, gestión empresarial.
- **¿Preguntas frecuentes?**
  - ¿Por qué recurrir a la inteligencia colectiva?
  - ¿Cuál es el objetivo de la gestión de la inteligencia colectiva?
  - ¿Cuáles son los principios de la gestión de la inteligencia colectiva?
  - ¿Cuáles son los obstáculos de la gestión de la inteligencia colectiva?
  - ¿Cuáles son las perspectivas de la inteligencia colectiva?
  - ¿Existe alguna relación entre inteligencia colectiva y gestión de los talentos?
  - ¿Existe alguna diferencia entre lean management e inteligencia colectiva?
  - ¿Existe alguna diferencia entre inteligencia colectiva y gestión participativa?

De entre todos los estilos de gestión de equipo, el más innovador es sin lugar a dudas el de la inteligencia colectiva. Este nuevo método de gestión, que todavía no está muy extendido en el vocabulario de los líderes de empresa, es objeto de algunas reticencias en la actualidad. En efecto, la inteligencia colectiva implica cambios de comportamiento importantes que tienen un impacto sobre la cultura, las creencias, las competencias, los modos de comunicación, la organización y el funcionamiento de la empresa.

No obstante, no siempre es fácil enfrentarse al cambio y a las incertidumbres que genera. En un mundo económico acostumbrado al taylorismo, se adopta a duras penas esta nueva manera de gestionar que acepta las novedades y la diversidad que puede aportar cada miembro de un equipo. Y es que abre unas puertas nuevas a conocimientos y a modos de funcionar que a día de hoy no se han explorado en las empresas. Lo desconocido siempre produce miedo y el taylorismo nos permite evitarlo garantizando al máximo el control sobre las acciones y los acontecimientos futuros.

Los principios de la inteligencia colectiva se oponen al taylorismo. Se trata de abrazar las novedades y lo desconocido, aceptando el riesgo de pérdida de control, pero ganando en flexibilidad, reactividad e innovación. Al conectar entre sí las diferencias e inteligencias de cada uno, este método permite afrontar los imprevistos a través de pensamientos y acciones colectivas. Las dificultades se resuelven conjuntamente y se persigue un objetivo común.

Descubre en 50 minutos los desafíos de la inteligencia colectiva y las razones por las que este método de gestión se está convirtiendo en una herramienta indispensable para favorecer la eficacia de un equipo.

EL ABECÉ DE LA INTELIGENCIA COLECTIVA

LA INTELIGENCIA COLECTIVA EN LA EMPRESA

La inteligencia colectiva en la empresa consiste en un conjunto de prácticas y de comportamientos de gestión basados en las interacciones entre las múltiples competencias de los miembros de la empresa. No se trata solo de ser conscientes de la existencia de las diversas competencias de los miembros de un equipo, sino también de entenderlas y de aprender a optimizarlas, sobre todo gracias a la implementación de una estrategia de creación integrada en una dinámica de grupo y su diversidad. No se tratará únicamente de comunicar o de reunir a un equipo para establecer un proceso basado en la inteligencia colectiva, sino que también habrá que entender el nacimiento de nuevos recursos intelectuales, que gestionarlos, y que poner de relieve la experiencia y los conocimientos de cada uno.

Es importante establecer una distinción entre comunicación colectiva y reflexión colectiva. La comunicación colectiva permite simplemente el intercambio de información sin que por ello se acuda a la cooperación intelectual de cada individuo de un equipo. Por su parte, la reflexión colectiva implica una colaboración intelectual que permite crear una información, darle un sentido e interactuar con esta información. Esta diferencia es crucial, puesto que creemos con demasiada frecuencia que estamos colaborando cuando, en realidad, solo estamos comunicando. La cooperación permite crear sinergias y elaborar una decisión en base a las interacciones de la inteligencia colectiva.

En resumen, podemos afirmar que la inteligencia colectiva es la consecuencia de una interacción entre los conocimientos, las competencias y las especificidades de cada miembro de un grupo.

LOS CUATRO TIPOS DE INTELIGENCIA COLECTIVA

Generalmente, distinguimos cuatro tipos de inteligencia colectiva, ya que esta se implementará de diferente manera según la estructura en la que se desarrolla. De la estructura de la organización dependerá también la eficacia del método. Si analizamos la tabla comparativa que presentamos a continuación, observamos que la instauración de una gestión basada en la inteligencia colectiva dentro de una gran estructura muy jerarquizada, con un estilo de gestión piramidal, será claramente menos eficaz que en un equipo pequeño.

Cuatro tipos de inteligencia colectiva

Inteligencia colectiva global	Se trata de un sistema justo, democrático, transparente, organizado, que sigue unas normas. Permite resolver retos complejos. A menudo, encontramos esta forma en internet, sobre todo en las plataformas sociales.
Inteligencia colectiva original	Se trata de la inteligencia colectiva más conocida y más explotada por las empresas, sobre todo en reuniones de equipo. Puede compararse con la que se instaura en un equipo deportivo y, por lo tanto, está dirigida sobre todo a pequeños grupos. Es la forma más ventajosa, puesto que es flexible, transparente, abierta al aprendizaje y a la improvisación.
Inteligencia colectiva en red	Generalmente es la que encontramos en el marco de las políticas económicas. Los actores interactúan sin tener una visión clara del conjunto del sistema en el que se desarrollan. Necesita más transparencia y comunicación interna para ganar en eficacia.
Inteligencia colectiva piramidal	Con frecuencia, está presente dentro de grandes estructuras, como las administraciones públicas, las multinacionales o el sector bancario. Es la cúpula quien posee la mayor parte de la información. Esta inteligencia colectiva es la que menos se adapta a los retos actuales, puesto que es rígida, restrictiva y opaca.

Benefíciate de la inteligencia colectiva © 50MINUTOS.es

- **La creación de un valor**, de una ética: este primer reto de la inteligencia colectiva significa que debe favorecer el desarrollo de la organización y de las personas. En efecto, permitirá que la empresa despliegue sus acciones y sus proyectos, y al mismo tiempo ofrecerá la oportunidad a los individuos que la componen de evolucionar personalmente. Recurrir al personal e implicarlo en la implementación de nuevos proyectos y en la toma de decisiones, valorando las competencias de cada uno, permite que cada individuo gane confianza en sí mismo, se motive de nuevo y aumente su eficacia. Se tratará de poder reunir a la vez las inteligencias de los miembros de un grupo/de una empresa, pero también a todas las partes integrantes externas a este grupo/esta empresa (como, por ejemplo, los proveedores, los clientes y los socios).
- **La información y la comunicación**: las distintas tecnologías de comunicación permiten intercambiar y compartir datos fácilmente. Deben contribuir al aumento de las interacciones, dando un valor operacional a la información.
- **La cooperación**: se trata de la manera más conocida de materializar la inteligencia colectiva.
- **La gestión de conocimientos**: es el pilar central del desarrollo y de una explotación óptima de la inteligencia colectiva. Una buena gestión a este nivel permite compartir y transferir conocimientos dentro de una empresa.
- **La descentralización del poder y del saber**: el líder ya no es la única persona que tiene todas las competencias y que toma las decisiones, que pasan a ser colectivas.
- **La autonomía**: los individuos que conforman el equipo se

convierten en actores para alcanzar un objetivo común, dando un sentido al grupo al que pertenecen.
- **La interactividad**: la interactividad de los miembros del equipo —o de la empresa— y el entorno en el que progresan (marco, tecnología, política económica) es constante.

CINCO PROCESOS DE LA INTELIGENCIA COLECTIVA PARA SEIS GRANDES CAPACIDADES ADQUIRIDAS

Para que se active y esté operativo el concepto de inteligencia colectiva es necesario interconectar cinco procesos:

- **el cognitivo**, que consiste en fijar juntos un objetivo común, basándose en una decisión elaborada colectivamente tras comprender la problemática y tras poner las ideas en común. Las palabras clave de lo cognitivo en el marco de la inteligencia colectiva son:
  - la intercomprensión (cada miembro del grupo se expresa libremente y es comprendido por los otros miembros),
  - la representación compartida (cada individuo tiene su propia representación de las cosas o de los acontecimientos y será conveniente que exponga su propia representación),
  - la utilización de un lenguaje común,
  - la elaboración conjunta;
- **el relacional**, que consiste en asegurarse que la comunicación sea clara y que cada individuo la entienda correctamente. También es importante garantizar que cada uno se exprese libremente, con honestidad, que se

compartan abiertamente el saber, las percepciones y las ideas. Para este aspecto relacional se necesita igualmente la implicación de todo el mundo, el reconocimiento de las diferencias y de las competencias de cada uno y la capacidad de adaptación con respecto a esta diversidad;

- **el social**, puesto que la inteligencia colectiva se basa en la escucha activa —es decir, en escuchar lo que dice el otro y entenderlo—, en el hecho de compartir e intercambiar información y saber, en la organización funcional del grupo, en la colaboración entre los distintos individuos que componen el grupo, en la confianza en uno mismo y en los demás, en la autonomía de cada uno, etc.;
- **el de gestión**, puesto que la eficacia de la inteligencia colectiva depende del tamaño y de la composición del grupo, de la complementariedad de los miembros, de las tareas que deben llevarse a cabo, de los componentes del jefe y del grupo;
- **la situación**, que conlleva ciertos límites externos y un contexto de organización que habrá que tener en cuenta cuando se instaure un proceso de gestión de inteligencia colectiva.

Para una empresa o un equipo, la interacción de estos cinco procesos permite el nacimiento de seis grandes capacidades:

- comprender y reflexionar colectivamente;
- resolver problemas conjuntamente;
- participar en la toma de decisiones;
- crear una visión común;
- favorecer la cohesión de un equipo;
- motivar a un equipo e implicar a sus miembros.

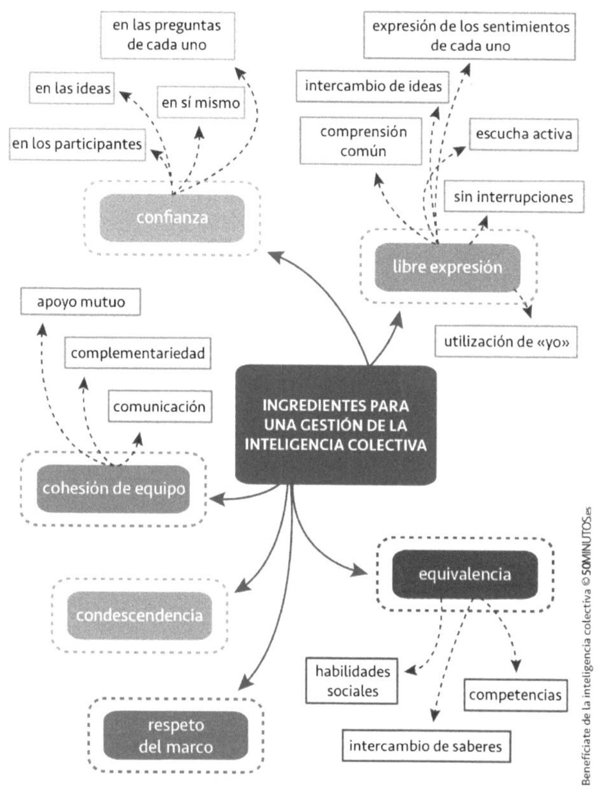

LA INTELIGENCIA COLECTIVA AL SERVICIO DE LA GESTIÓN Y DE LA DINÁMICA DE EQUIPO

Tomar conciencia de los conocimientos y de las competencias de cada individuo de un equipo y aprender a sacar provecho permite reforzar la eficacia del grupo. La inteligencia colectiva es una herramienta de gestión de equipo indiscutible para favorecer que se intercambien, se compartan y se exploten competencias para alcanzar un objetivo común. Recurrir a la inteligencia colectiva es una manera evolutiva y participativa de gestionar equipos. En efecto, el papel del jefe ya no es solo el de un líder que da órdenes a quienes las ejecutan, también es crucial para reforzar la cohesión del equipo, uniéndolo alrededor de reflexiones y de acciones comunes. El líder se convierte así en la persona «recurso» que comparte su saber mientras abraza, al mismo tiempo, la diversidad de experiencia y de competencias de los miembros de su equipo.

La inteligencia colectiva es un proceso indispensable para la dinámica del equipo. En efecto, lleva a la correflexión, a la coevolución y a la coacción, es decir, los ingredientes indispensables para favorecer la dinámica de equipo estimulando a sus miembros.

La inteligencia colectiva y la dinámica de equipo

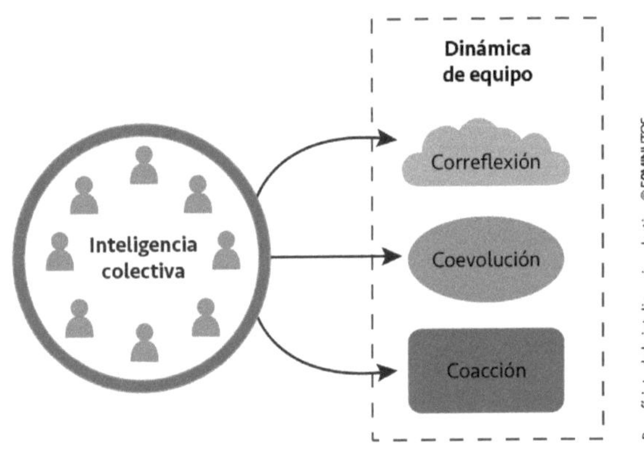

DIFERENTES NIVELES DE APLICACIÓN DE LA GESTIÓN DE LA INTELIGENCIA COLECTIVA

La gestión de inteligencia colectiva no solo es una herramienta de gestión para los altos directivos. En efecto, también se recomienda en el marco de la gestión de equipo a todos los niveles. Cualquier persona que dirija un equipo, sea cual sea su tamaño, puede recurrir a la inteligencia colectiva. Observaremos entonces que la gestión de inteligencia colectiva instaurada por un supervisor, un jefe de equipo o un capataz será a menudo más espontánea que en el caso de un proceso establecido por el mánager, donde se adoptará en líneas generales una forma más oficial.

Etapas de una gestión de la inteligencia colectiva instaurada por un alto directivo	Etapas de una gestión de la inteligencia colectiva instaurada por un jefe de equipo
• Tomar conocimiento de los distintos perfiles que componen nuestra empresa con ayuda de los servicios de recursos humanos y celebrando una reunión con los jefes de equipo. • Informar al personal, sobre todo a través de un memorándum, acerca de la intención de instaurar una gestión de la inteligencia colectiva y convocarlo a una primera sesión de información. • Reunir a todo el personal y establecer una ronda de presentaciones. Dejar que cada individuo se exprese con libertad acerca de su vida privada, de sus sensaciones con respecto a su papel en la empresa, sus competencias, su experiencia, sus aficiones, etc. • Acoger toda esta información y tomar conciencia de la diversidad presente en la empresa. • Lanzar un buzón de ideas (por ejemplo: invitar al personal a que anote en una hoja sus propuestas de mejora con respecto a la situación de la empresa).	• Reunir al equipo, informarlo de la intención de instaurar una gestión de la inteligencia colectiva y presentar de manera clara la temática que debe ser tratada (por ejemplo: reparto de tareas). • Pedir a cada uno que se exprese libremente acerca de las sensaciones que experimenta con respecto a su papel en el equipo, a las tareas que efectúa, al modo de funcionamiento del equipo, a sus competencias, a sus experiencias profesionales, a sus aficiones, etc. • Acoger toda la información sin juzgarla. • Provocar que surjan las ideas, ya sea a través de un *brainstorming* durante la reunión, ya sea con el lanzamiento de un buzón de ideas.

LOS MEJORES CONSEJOS

- Empieza por definir una visión clara y tranquilizadora para los miembros de tu empresa, dando la oportunidad a las personas en cuestión de detectar los desafíos de la empresa, tanto internos como externos.
- Asegúrate de que la confianza y la rendición de cuentas estén presentes en tu empresa para permitir que se comparta y que se intercambien impresiones sobre la comprensión de estos desafíos. Así, podrás favorecer la cohesión del equipo y reunirlo en torno a un objetivo común que habréis definido conjuntamente.
- Comparte la información e informa acerca del conocimiento y de las prácticas de cada uno.
- Para facilitar la cohesión de equipo y la inteligencia colectiva, favorece los encuentros formales o informales entre los distintos miembros del equipo o de la empresa, sobre todo con reuniones, formaciones, seminarios, *team building* u otras actividades.
- No te consideres el más competente en todos los ámbitos; invita a tus compañeros a que se constituyan como «personas competentes» y a compartir su saber a través de la comunicación y el intercambio para generar una creación colectiva. La inteligencia colectiva también se puede definir como la complementariedad de cada uno. Es fundamental que te muestres abierto a los demás, que aceptes y comprendas los distintos puntos de vista y que integres las novedades con las que contribuye cada miembro, facilitando las aportaciones individuales. Desde esta perspectiva, emplea un lenguaje colectivo,

usando sobre todo el «nosotros».

- Encarna ciertos valores y conviértete en un «hombre-recurso» que escucha a su equipo mientras pones tus competencias al servicio de los demás. Haz hincapié en la escucha activa y en la comprensión empática del otro.
- Deja que el equipo aprenda, evolucione, reflexione y actúe en conjunto, en sinergia. Apoyaos mutuamente, perdonad los errores e intentad resolver los problemas colectivamente.
- No dudes en recurrir a un profesional que te acompañe y que te dé un punto de vista externo, necesario para salir de las paradojas. Como método de acompañamiento, se puede instaurar un comité de pilotaje que conlleve reuniones, cuadros de mando e indicadores sobre los resultados, que permitan valorar al equipo durante los *feedback*. También el *coaching* puede ser el acompañamiento ideal, actuando sobre los comportamientos, las actitudes y los procedimientos.

Guiño

La inteligencia colectiva no puede ser el resultado de un simple cambio de organización, únicamente del cambio personal del dirigente o de un intento de implementación desde arriba de un nuevo método de gestión. Debe ser el fruto de una interconexión entre todos los actores.

PREGUNTAS FRECUENTES

¿POR QUÉ RECURRIR A LA INTELIGENCIA COLECTIVA?

La inteligencia colectiva es una herramienta importante para optimizar la eficacia de un equipo. En efecto, reunir y explotar el conjunto de conocimientos y de competencias de los distintos miembros de un equipo permite ampliar las capacidades del grupo. Esto no solo provoca que se pueda sacar provecho de los puntos fuertes de cada uno, sino que además incrementa ostensiblemente la motivación de los individuos gracias a su implicación en la toma de decisiones y gracias al hecho de que se reconocen y se valoran sus competencias. Además, recurrir a las diferentes competencias y experiencias brinda la oportunidad de que se resuelvan ciertos problemas en interno, sin tener que pedir ayuda a un tercero externo. Por lo tanto, se evitan costes adicionales y se ahorra tiempo.

La inteligencia colectiva también permite una mejor gestión de los talentos y, por consiguiente, un mejor reparto de las tareas para optimizar no solo la eficacia del equipo en general, sino también la de cada individuo.

¿CUÁL ES EL OBJETIVO DE LA GESTIÓN DE LA INTELIGENCIA COLECTIVA?

El objetivo de este tipo de gestión es tomar decisiones inteligentes basadas en el nacimiento de ideas y de soluciones que emanan de todos los actores afectados por dichas decisions.

¿CUÁLES SON LOS PRINCIPIOS DE LA GESTIÓN DE LA INTELIGENCIA COLECTIVA?

Los principios de la gestión de inteligencia colectiva son, esencialmente:

- instaurar una noción de equivalencia, es decir, destacar que la diversidad de competencias, de experiencias y de habilidades sociales son una ventaja para la empresa o para el equipo;
- recurrir a la escucha activa, lo que quiere decir que se debe escuchar con atención lo que dice el otro, dejando que exprese todas sus ideas sin interrumpirlo;
- invitar a que los participantes hablen con intención, es decir, que hablen por ellos mismos, utilizando el pronombre «yo» y evitando toda generalización con construcciones impersonales;
- no emitir juicios de valor, sino mostrarse condescendiente, siendo consciente de que no hay un participante bueno o malo, que no existen las ideas malas. Al contrario, incluso una idea que en principio parece mediocre puede suscitar reacciones e intercambios que deriven en una solución;
- confiar en los participantes y en sí mismo, y también en las ideas expuestas, puesto que lo que enriquece el fondo común son precisamente esas personas, sus ideas y sus preguntas.
- respetar el marco retomando los principios citados más arriba.

¿CUÁLES SON LOS OBSTÁCULOS DE LA GESTIÓN DE LA INTELIGENCIA COLECTIVA?

Los principales obstáculos para la implementación de la inteligencia colectiva son de tipo cultural. Antes de sumergirse en un proceso de gestión por medio de inteligencia colectiva, es fundamental asegurarse que esto corresponda con la cultura de gestión de la empresa. Si no es así, habrá que sensibilizar a la jerarquía y al conjunto de personas afectadas para modelar la cultura de la empresa y prepararla para este tipo de gestión. Habrá que revisar el estilo gerencial. Tendrán que cambiar ciertos modos de funcionamiento como, por ejemplo, la falta de implicación de la jerarquía, la negativa a comunicar de manera transversal, la gestión basada en el individuo y no en el efecto de grupo, etc. Es muy difícil implantar una gestión colectiva eficaz en una empresa cuyo estilo de gestión es piramidal.

También habrá que trabajar en los obstáculos inherentes a cada individuo, como el miedo al cambio, a la crítica, a tener que realizar nuevos esfuerzos, el espíritu de competición, el individualismo y el perfeccionismo.

¿CUÁLES SON LAS PERSPECTIVAS DE LA INTELIGENCIA COLECTIVA?

En una empresa, la inteligencia colectiva permite crear un sistema democrático en el que todas las decisiones se toman por mayoría. La inteligencia colectiva contribuye a que surjan las decisiones, pero no tiene ningún impacto sobre su elección. No se trata de redistribuir el poder, sino de un cambio en el modo de gestión que consiste en valorar la diversidad de conocimientos, de competencias y de ideas de las personas de una empresa o de un equipo para federarlos de manera constructiva y eficaz.

¿EXISTE ALGUNA RELACIÓN ENTRE INTELIGENCIA COLECTIVA Y GESTIÓN DE LOS TALENTOS?

Sí, la inteligencia colectiva utiliza las competencias asociándolas y permitiendo que salga a la luz lo mejor de cada uno. Cuando una empresa apuesta por la inteligencia colectiva y por la implicación de sus individuos en la implementación de acciones o en la toma de decisiones, tiene la oportunidad de detectar el rendimiento de cada uno. Así, la inteligencia colectiva se convierte en un facilitador o en una herramienta para despertar talentos: le brinda la posibilidad a una persona de participar en proyectos que difieren de sus tareas habituales.

¿EXISTE ALGUNA DIFERENCIA ENTRE *LEAN MANAGEMENT* E INTELIGENCIA COLECTIVA?

Sí. El *lean management* es un enfoque de organización que permite llevar más lejos el taylorismo, siempre asegurándose de mantener el control. El *lean management* quiere mejorar el rendimiento de la empresa a través del desarrollo de todos los empleados (formación, motivación), con el objetivo principal de alcanzar la plena satisfacción del cliente y, por consiguiente, de aumentar el volumen de negocio. El *lean management* busca constantemente mejorar el rendimiento de los individuos y de los procesos reduciendo al máximo los costes. En definitiva, se trata de «eficacia y rentabilidad» sin derecho al error.

Por su parte, la inteligencia colectiva es un enfoque relacional que apuesta por la sinergia de las competencias y del saber para crear estrategias en equipo y desarrollar el rendimiento colectivo. La inteligencia colectiva acepta la pérdida de control y aprende de los posibles errores para resolverlos conjuntamente.

¿EXISTE ALGUNA DIFERENCIA ENTRE INTELIGENCIA COLECTIVA Y GESTIÓN PARTICIPATIVA?

La diferencia entre estos dos métodos es sutil. La gestión participativa tiene como objetivo la implementación de un proceso de desarrollo del personal implicándolo en la elaboración de proyectos de la empresa y en la toma de decisiones. En este método, es necesaria la capacidad de delegar y de confiar en el equipo para la resolución de diferentes problemáticas. Para ello, la gestión participativa debe recurrir a la inteligencia colectiva, pero va más allá que esta última en la reflexión organizacional global. Por lo tanto, la inteligencia colectiva es un medio para llegar a un proceso de gestión participativa.

¡AHORA ES TU TURNO!

Provoca que surja la inteligencia colectiva en tu equipo con ocho etapas.

ETAPA 1

Identifica a tu equipo. Cierra los ojos y piensa en cada miembro que lo conforma. ¿Quiénes son? ¿Cuáles son sus aficiones? ¿Qué los motiva? ¿Qué esperan de ti? ¿Cuáles son sus competencias y su experiencia? ¿Cómo hacer converger esas competencias? ¿Dónde y a qué ritmo es posible unirlas?

ETAPA 2

Asegúrate de que los miembros del equipo comprenden las intenciones de esta acción común. Explica claramente tu objetivo y pídeles su opinión. Define el lugar, el ritmo y el contexto en el que el grupo se va a reunir para coiniciar el proyecto piloto.

ETAPA 3

Genera una toma de conciencia colectiva organizando una reunión sin orden del día. Reúne a las personas que han mostrado un gran interés en tu proyecto de gestión de inteligencia colectiva. Deja que todo el mundo alrededor de la mesa se exprese acerca de lo que sucede en la empresa, en su equipo e, incluso, en su vida privada. Mantén la mente abierta. Conversad libremente sobre el trabajo y sobre los desafíos de la empresa, descubriendo las nuevas ideas, los intereses y las motivaciones de cada uno. Concluye esta reunión con la elaboración de un programa piloto con una visión común.

ETAPA 4

Estructura tus próximas reuniones. Si estas duran sesenta minutos, prevé:

- un momento para presentar la problemática abordada durante la reunión (unos cinco minutos);
- un lapso relativamente largo para las reacciones y el intercambio (unos cuarenta minutos);
- y termina con una conclusión (diez minutos como mucho).

ETAPA 5

Reúne a tu equipo al inicio de cada semana.

- Otorga un papel a los participantes de la reunión. Designa a un líder que exponga el caso al grupo (será elegido en función de la temática), un facilitador que incite al diálogo y un vigilante del tiempo. También puedes recurrir a un *coach* para una visión y un análisis externos a la empresa.
- Pide a cada miembro que comparta sus ideas sobre la problemática escogida (el trabajo, la organización, los proyectos de la empresa). Abraza estas ideas y continúa tu semana pidiéndoles que reflexionen acerca de estas ideas.

ETAPA 6

Al final de la semana, volved a reuniros y comunicad vuestras conclusiones sobre las ideas expuestas, y recibid las nuevas ideas que se han presentado durante estas conclusiones. Repetid este proceso hasta que una o más ideas obtengan la unanimidad.

ETAPA 7

Implementa las nuevas ideas.

ETAPA 8

Evaluad conjuntamente las acciones que se han llevado a cabo y pensad en las soluciones que se podrían aportar en caso de fracaso.

Etapas de una gestión de la inteligencia colectiva instaurada por un alto directivo	Etapas de una gestión de la inteligencia colectiva instaurada por un jefe de equipo
• Reunir a las personas que hayan introducido una idea en el buzón y hablar con total libertad, sin juicios de valor, acerca de las ideas de cada uno, y pedir a continuación a los participantes que reflexionen sobre las ideas seleccionadas. • En las reuniones siguientes, que pueden organizarse en subgrupos, en función de la temática o del departamento pertinente, estructurar el desarrollo de la reunión y atribuir un papel a cada uno (por ejemplo: animador, coordinador, toma de notas…). • Confiar e intentar implementar una de las ideas presentadas. • Evaluar y solucionar las dificultades halladas.	• Analizar y conversar juntos acerca de las ideas propuestas. • Implementar la idea que ha resultado elegida. • Evaluar y solucionar las dificultades halladas.
Proceso más largo que necesita un ambiente de confianza en la empresa y una apertura de mente del mánager que permitan que el personal se exprese libremente y que se detecten las competencias de cada uno.	Proceso más corto y más espontáneo, puesto que el grupo es más pequeño y sus miembros ya se conocen, lo que permite evitar ciertos obstáculos, como podría ocurrir en el caso de una gran estructura.

¡Tu opinión nos interesa!
¡Deja un comentario en la página web de tu librería en línea,
y comparte tus favoritos en las redes sociales!

PARA IR MÁS ALLÁ

FUENTES BIBLIOGRÁFICAS

- Devillard, Olivier. 2005. *Dynamiques d'équipe*. París: Éditions d'Organisation.
- Greselle, Olfa Zaïbet. 2007. "Vers l'intelligence collective des équipes de travail: une étude de cas". *Management & Avenir*, n.° 14, 41-59. Consultado el 14 de noviembre de 2016. http://www.cairn.info/revue-management-et-avenir-2007-4-page-41.htm
- Zara, Olivier. 2007. *Le management de l'intelligence collective*. París: M21 Éditions.

FUENTES COMPLEMENTARIAS

- Lecerf-Thomas, Bernadette. 2015. *Activer les talents avec les neurosciences. Du talent individuel à l'intelligence collective*. Montreuil: Pearson, colección *Village mondial*.
- Lemonnier, Jacques. 2015. *Le management transversal. 30 outils pour favoriser l'intelligence collective*. París: Vuibert.
- Moral, Michel y Florence Lamy. 2013. *Les outils de l'intelligence collective*. París: InterÉditions.

en50MINUTOS.es
Historia
Economía y empresa
Coaching
EL DIAGRAMA DE ISHIKAWA
Material   Método   Máquina
Madre Naturaleza   Medida   Hombres
LA GUERRA DE PALESTINA DE 1948
DOMINA EL ARTE DEL NETWORKING